Andreas Kleingrothe

Neues aus

Drucksvermögen

Herstellung und Verlag:
BoD – Books on Demand, Norderstedt   ©2018
ISBN:978-3-7481-0253-3

Das bestimmende Prinzip

Man findet allenthalben
In großen Lyrikalben
Die Texte strikt sortiert
Nach Alter oder Thema,
Nach strukturellem Schema,
Auch alphabetisiert.

Vergeblich bleibt die Suche
In diesem meinen Buche
Nach helfender Struktur.
Des Orts, wo welcher Schrieb ist,
Bestimmendes Prinzip ist
Beherzte Willkür nur.

Von sämtlichen Tagen im ganzen Jahr

Von sämtlichen Tagen im ganzen Jahr
Sind solche die schönsten, an denen sich klar
Und leuchtend in winterlich frostiger Welt
Am hellblauen Himmel sich Sonne gesellt.

Es ist ohne Zweifel das beste Gefühl,
Spürt tief man das frische und saubere Kühl
Der silbernen Januarluft auf der Haut
Und nichts, das den Blick in die Ferne verbaut.

An kalten und gleichzeitig sonnigen Tagen,
Ist alles so deutlich und voller Behagen
Und fast so, als bliebe die Welt einfach stehen,
Um stolz auf die eigene Schönheit zu sehen.

Nicht selten erscheint es mir dann irgendwie,
Als liefe ich durch eine Fotografie,
Die makellos scharf und vorzüglich belichtet
Den Aufruf zum Glück an mich Staunenden richtet.

Wie sehr ich ein Tier bin

Wie sehr ich ein Tier bin und wenig gesund,
Erkenn ich mit Reue und fettigem Mund
Beim Blick in die Chipstüte ohne was drin
Und ohne Erinnerung: wo sind sie hin?

Umgekehrt

Das Mädchen war nicht mehr zu seh'n,
Es war nicht umgekehrt.
Es liebte ihn und ließ mich steh'n,
Es war nicht umgekehrt.

Ein Nachruf

Der Künstler ist nicht mehr, doch hat er Massen
An nachhaltigen Werken hinterlassen.
Ein Artefaktenmeer, Skulpturendrastik –
Unsterblich, unvergesslich: Müllers Plastik.

Ich will ja nichts sagen

„Ich will ja nichts sagen", beginnen die Leute
Und sagen dann immer so viel.
„Ich will ja nicht weghör'n", das sag ich ab heute
Und spiele so mit bei dem Spiel.

Ausgefragt

Und eines Tages werden wir's erleben
Bei dieser Ratesendungs-Sendungsrate,
Dann wird es keine neuen Fragen geben
Für all die vielen Quiz-TV-Formate.

Denn irgendwann war alles einmal Frage
Und sämtliche Quizzourcen sind verwendet,
Dann wird das Ganze – paradoxe Lage! –
Aufgrund zu hoher Nachfrage beendet.

Zuletzt verlassen fraglos die, die raten,
Die tief sinkende Yacht nach der Million,
Und ohne jede Abfragprämie waten
Sie ratlos völlig ungefragt davon.

Was eine Treppe ist

Höher steigt mit jedem Tritte
Der, der doch nur vorwärts geht,
Klettert nicht, macht leichte Schritte,
Bis er schließlich oben steht.

Entlarvt

Erschüttert, was man hierzuland
Zum „sich'ren Herkunftsstaat" ernannt,
Beschleicht mich schmerzhaft der Verdacht:
Wer so Definitionen macht,
Entlarvt sich selbst durch solche Tat
Als herkömmlicher Sich'rungsstaat.

Ernstfall

Todesgefahr heißt im Klartext: Hier droht,
Kommt es zum Ernstfall, womöglich der Tod.
Herrscht dann beim schutzlos verkehrenden Paar,
Kommt er, im Ernstfall auch Lebensgefahr?

Flush

Kneipenabend, Männersätze,
Schnapsgetränkter Tonfall,
Tittenwitze, Schwanzgeschwätze
Im Testosteron-Schwall.
Knallendes „All In" und „Blind" sind
Mir dann zu niveaufern.
Da, wo Laut und Dumm vereint sind,
Leckt mich doch am Pokern.

Outdoor

Wer schreibt, begibt sich vor die Tür,
Um es herauszubringen.
Die Eindrücke sind ausgedrückt
Und brauchen Platz zum Klingen

Nicht innen, sondern außen misst
Mit andren sich mein Wort.
Wird in die Welt die Schrift gestellt,
Ist Schreiben Autor-Sport.

Es heißt

Es heißt. Die Knalle sonnt uns schwitz.
Wir branden.
Wir poolen uns, sind trock betucht
Und stranden.
Wir stielen leck ein kisches Frühl
Und eisen.
Von oben möwt es segelig
In Kreisen.

Ich bin mit meiner Sprache eins

Ich bin mit meiner Sprache eins,
Denn was ich sag und wie ich spreche,
Ist vom Gesamten meines Seins
Die wortgewordne Spiegelfläche.

Und mehr noch: Meine Wörterwahl
Ist Wertsymbol, so wie ein Geldstück,
Mit dem ich allem das bezahl',
Was es verdient in meinem Weltblick.

Ob „Flüchtlingsflut", „Asyltourist",
Ob „Blondchen" oder „Kopftuchfrauen"
– Das Wort, sobald's verbreitet ist,
Formt, wie wir auf das andre schauen.

Das Wort wird Wert, die Sprache kündet
Von der gesellschaftlichen Sicht
Und wie wir funken, so entzündet
Sich daraus Feuer oder Licht.

Das U

Ein U einst tauchte auf an Land,
Entstieg dem Boot und ging gespannt
Durchs Lautland von neun Konsonanten,
Die nichts als ihresgleichen kannten
Und unter starken Klangbeschwerden
Sich mühten, mal ein Wort zu werden.
Vokallos aber ging das schlecht,
So kam der Wandrer gerade recht.
Dass sich das U nach Zuflucht sehnte,
Erkannten sie. „Werd' du der zehnte!
Nach alter Konsonantensitte
Bekommst du Platz in unsrer Mitte,
Und schon entsteht Vokalklang dort,
Wo kahl klang unser Pseudowort."
Doch grübelnd sprach der neue Freund:
„Ich bin allein, ihr seid zu neunt.
Das mit dem Wort, das könn' wir lassen."
Sie sagten: „Wenn du schr-u-mpfst, wird's passen."

Eichendorff

Wie Eichendorff wird mir zumut,
Wenn sich nach roter Abendglut
Der Vollmond an den Sternenhimmel heftet
Und sanft sein Schein, wenn alles döst,
Die Krämpfe meines Tages löst
Und Traumspiel meine Wirklichkeit entkräftet.

Es ist und bleibt, wie er es sang:
Das Herz hat einen andern Klang,
Entrückt, befremdet seh ich meine Tage
Bei Nacht, wenn ich mit jedem Sinn
Nach Tieferem gerichtet bin
Und mich gespenstisch große Dinge frage.

Rolf

„Ich schaff das schon", wie stets durch meine Täler
Der Kindheit Rolf Zuckowskis Worte schallten.
Doch sang er auch noch „Alle machen Fehler"
Und hat viel mehr noch damit Recht behalten.

Nicht schlimm

Wie Halsweh sind die Schmerzen, die ich spüre
Tief drin im Herzen. Nicht so wie Geschwüre,
Nicht schlimm wie offne Wunden oder Brüche,
Nicht schlimm wie Prügel oder Messerstiche.

Nur rauer Reibereiz bei jeder Regung,
Nur vage wundes Weh in der Bewegung,
Schon morgens da, verborgen, gar nicht sichtbar,
Und mittags nehm' ich selbst ihn manchmal nicht wahr.

Mal stärker und mal schwächer geht's der Seele
Mit einem mürbem Schluckschmerz an die Kehle
Und jeder Atemzug, den ich so tue,
Zerkratzt mich, ob ich wache oder ruhe.

Gleich vorm Fenster in den Buchen

Ach, so manchen seichten Schrieb hat's
In der Dichtung schon gegeben,
Der von einem tollen Piepmatz
Schwärmt. Das ist nicht mein Bestreben.

Lerchen, Schwäne, Nachtigallen,
Die bei vielen großen Meistern
Würdvoll durch die Szenen schallen,
Können mich nicht mehr begeistern.

Jeden Tag bringt unverhohlen
Gleich vorm Fenster in den Buchen
In der Früh mit Hassparolen
Mich ein fieser Fink zum Fluchen.

Redundanter Morgentöter
Im belaubten Unterschlupfe!
Irrsinniger Funkspruchflöter,
Schweig, bevor ich dich zerrupfe!

Täter

Ein „Übeltäter" tut Übles,
Drum hat dieses Wort was Plausibles.
Ein „Wohltäter" tut, was uns freute,
Was Gutes zum Wohle der Leute.

Und dass „Sanitäter" hingegen
Ein „Sani" zu machen nie pflegen,
Das merkt, wer dies Wort wie gewohnt
Auf „-täter", nicht „Sani-" betont.

Von „Wohl-Tat" und „Übel-Tat" spricht man,
Die „Sani-Tat" trifft man wohl nicht an.
Der Unbetont-Täter ist tuend,
Betont auf Lateinisch beruhend.

Die Regel, die man uns hier reichte,
Ist so wie es scheint eine leichte.
Ein kleines Problem aber stellt sich
Bei diesem hier: Wieso verhält's sich

Beim Attentäter so anders?
Denn anders als andere kann der's
Verlangen, dass vorne am Worte
Man seine Betonung verorte,

Obwohl seine Taten nie „Atten"
(Was immer das ist) gebracht hatten.
Hätt' je es sich so zugetragen,
Dann würd' man „die Attentat" sagen.

Doch „Das Attentat" ist ja Neutrum,
Nichts anderes sagen die Leut', drum
Sind Attentats Initiatoren
Ja eigentlich Attentatoren.

Ich stoppe nun schnell die Vermehrung
Von Fragen mit dieser Erklärung:
Wer schlichtweg was „tut", ist ein „Täter",
Doch „Täter" mutierte wohl später

Für hiesige Schreiber und Sprecher
Zu einem Begriff für Verbrecher,
Drum lag es ja nah', Attentate
(Denn so einst die ganz akkurate

Betonung) als Taten zu deuten
Und deshalb die Gruppe von Leuten,
Die solch Attentate(n) begehen,
Als Täter (von Atten) zu sehen.

Nachwuchs

Wenn's kräftig in der Kammer rumst
– Ein wahrer Anagrammtraum! –,
Verändert sich, weil MAMA BUMST,
Vermutlich bald der STAMMBAUM.

Ich hoff', du weißt es

Wir kennen uns – wie lange schon?
Du bist jetzt eine Hauptperson
In meinem gar nicht menschenarmen Dasein.
Und waren wir auch Fremde einst,
Heut' weiß ich, wie du lachst und weinst,
Und muss dir, um's zu spüren, nicht mal nah sein.
In vieler, vieler Stunden Zeit
Wuchs innige Verbundenheit
Durch Kennenlernen deines ganzen Geistes.
Mir wuchs das Herz dabei an dich
Und bist du glücklich, freu ich mich,
Dein Freund bin ich sehr gern. Ich hoff', du weißt es.

Ich wollte ja

Ich hätte gern das, was ich dachte,
Zum Ausdruck gebracht – ich und du…
Ich wollte ja, aber dann machte
Der Copyshop leider schon zu.

Geschütteltes Haar

Das Duftendste an Hilde war
Das einzigartig wilde Haar.
Und standen auf der Halde wir,
So roch's doch wie im Walde hier.

Urlaubstipp

Begibst du dich in Warmlandkur
Dann trage keine Armbanduhr,
Da Eile in dem Kontext
Beton vor'n Horizont hext.

Ewig

Mancher gäb' sein Herz für ewig,
Ließe nie los,
Mancher, dessen Treue eh wich,
Lieh bloß lieblos.

Wellen lauschen

Ich höre gern das Wellenrauschen
Ich höre gern die Wellen rauschen
Ich höre gern der Wellen Rauschen
Ich höre gern, dass Wellen rauschen
Ich höre gern: Die Wellen rauschen
Ich höre Gär'n der Wellen rauschen

Mit Mond

Romantik? Na gut, aber nicht eskalieren!
Stoßt alles vom magischen Throne!
Der Mond ist schön. Du bist schön. Kann man addieren:
Mit Mond küsst's sich schöner als ohne.

König und Turm – Schach-Anagramme

Ängstlich sprach der KOENIG: TURM!
Siehst du, dort, der Feinde Sturm?
Sag mir, ist MEIN GURT OK,
Der das Zepter trägt? O, weh!
Schrei es mit dem GUTEN MIKRO:
Ich bin immer noch recht siegfroh,
Kämpfe für die KRONE MUTIG!
Ach, die Krone schimmert blutig.
Komm ich doch im NOTKRIEG UM?
Turm!? Vorbei mein Herrschertum.

ODER? – ACH!
ROCHADE!

Versalzen

Verliebte halten schmusend, schmatzend, scherzend
Zwei Mittelfinger, herzgeformt, ins Blickfeld
Von jedem, der allein ist, einzeln, schmerzend,
Und mühsam seine Tränen nur zurückhält.

Wer einsam ist und vom intimen Freuen
Der Restwelt wird verhöhnt, bedrückt, geschunden,
Ist wirklich zu bedauern, denn ihm streuen
Verliebte zu viel Salz in alle Wunden.

Date

Die Mutter sieht vom Töchterlein
Den Freund schon vor dem Haus stehen –
Und zückt lieb lächelnd einen Schein,
Sagt: „Davon kannst du ausgehen.

Hab Spaß!" Das Kind trägt Lingerie,
Will heut mit ihm nach Haus gehen.
Lieb scheinend zückt ein Lächeln sie,
Sagt: „Davon kannst du ausgehen."

Sekundär

Dass dein so einzigart'ger Geist
Von Herz, Verstand und Heiterkeit
Auch noch als Leib die Welt durchreist,
Den anzuseh'n mich reizt und freut,
Ist sekundärer Plus-Profit
– Das Auge guckt bekanntlich mit.

Der Dreißigste

Wir sind alle, so viel weiß ich,
Altersmäßig ziemlich dreißig.
Einer wurd's schon letzte Woch',
Ist recht dreißig heute noch.
Der, dem morgen Kerzen brennen,
Ist noch dreißiger zu nennen.
Doch der dreißigste von allen
Ist, wem heut die Korken knallen.

Wanderreim

Reim am Ende einer Zeile –
Beim Gedicht ist das normal.

Doch ich scheu es nicht zu sagen,
Etwas Neues ging doch auch!

Heute will ich anders dichten:
Ähnlich einem Wandersmanne

Mag's mein Reim, komplett die Breiten
Seiner Umwelt zu durchschreiten

Kam er dann am Zeilenende
An, mag nicht verweilen er,

Unverändert will er wandern,
Also schlendert er zurück,

Richtung Ausgangspunkt der Reise.
Dichtung ist Beweglichkeit.

Der 91. Geburtstag

Is everybody here? – Nochmal:
Is everybody here… Wie kahl,
Mein lieber James, ist noch der Tisch?
Dass ich dich einmal faul erwisch!?
Ach James, was liegst du stur und stumm
Am Tigerteppich so herum?
Ich freu mich zum Geburtstagfeste
Doch immer über meine Gäste,
The same procedure as every year.
Drum sag, sind sie auch dies Jahr hier?

Is everybody here, mein Diener?
Mein Freund Sir Toby, sag, erschien er?
Sitzt nicht der Admiral von Schneider
Dort hinten links? Ich kann es leider
Aus der Distanz nicht richtig sehen,
Drum sollst du doch zur Hand mir gehen.
Auch war mir Mr. Pommeroy
Doch stets als Freund so lieb und treu,
Doch sitzt er auch in diesem Jahr
Am Platz, der ihm bereitet war?
Und sitzet nicht zur rechten Hand,
Wie ich es stets als Glück empfand,
Mein teurer Freund mit herrlich flottem
Gesprächsstoff – Mr. Winterbottom?

Ach, James, so hab doch etwas Stil
Und spiel das altbewährte Spiel.
Ich bitte dich, dich zu besinnen!
Mit Suppe wollen wir beginnen,

Ich hoffe, du hast dran gedacht
Und Mulligatawny Soup gemacht,
Die, wie du es ja sicher weißt,
Am besten man zu Sherry speist.
Ja, soll ich, lieber James, tatsächlich
Höchstselbst, obwohl ich so gebrechlich,
Getränk und Speis für meine Gäste
Servier'n? Das wäre wohl das Beste.

Was ist nur los, mein Butler James,
Dass du dich nicht mal herbequems',
Nur daliegst, so als seist du tot.
Ach je, ach James, ach liebe Not!

Ich eile schon, so eilig man
Mit einundneunzig eilen kann,
Um nachzusehen, ob du lebst.
Da liegst du, treuer Butler, nebst
Tablett und Suppentopf und Scherben
Und musstest wohl durch letztre sterben,
Und dunkelrot von deinem Blute
Gefärbt ist nun die teure, gute
Und altgediente Teppichkatze,
Die eilig ich mit einem Satze
Versuche nun zu überqueren,
Um rasch die Scherben aufzukehren,
Da streift mein Fuß des Tigers Ohren,
Schon habe ich den Halt verloren
Und falle, mein Gesicht voraus,
Zu Boden.
          Same procedure.
                    Aus.

Kein Ausdruck

Immermüdes Arbeitstier,
Eile, niemals stehe
Überstunden, viel Papier,
Zahnfleisch ist kein Ausdruck für
Das, worauf ich gehe

Auswendig

Ich kenn dich in- und auswendig,
Das macht mir gar nichts aus, denn dich
Nicht seh'n tagein, tagaus fänd' ich
Viel schlimmer. Vor dem Aus ständ ich!
Mich selbst halt ich nicht aus. Wenn, dich.

Frierende Postboten

Frierende Postboten
Müssen mit Frostpfoten,
Wenn denn die froststarren
Finger noch aushalten,
Mit ihrem Postkarren
Zu allen Haushalten,
Werfen dort Schreiben ein,
Werfen nie Scheiben ein,
Sieht auch das fraglich' Haus
Noch so behaglich aus.

Schlimmer ist es

Schlimmer noch als all die Leute,
Die nicht nett sind, ist es,
Dass man oft dem Netten scheute
Mitzuteil'n: Du bist es!

Post hoc, ergo propter hoc

Ich rieb gestern Münzen am Bahn-Automaten
Und leerte den Teller komplett.
Die Münze ist gleich in sein Innres geraten
Und heute das Wetter ist nett.

Es gab gestern Spargel, heut jucken die Augen.
Ich bete: Mach schnell mich gesund!
Der Spargel aus Holland, der kann ja nichts taugen.
Es geht wieder. Gott ist der Grund.

Ich nutz seit den Sechzigerjahren die Säge,
Nun bricht sie, kaum sägen mal Sie!
Und seit ich den Glücksstein ins Handschuhfach lege,
Bin ich ohne Unfall. Magie!

Am Nebentisch kichern – vermutlich voll Spott
Für mich und mein Denken – die Leute,
Weil ich bei Ereignissen einfach zu flott
Post hoc, ergo propter hoc deute.

Pferdeschwanz

Ich kann das Geschwätzgeschwader
Deiner spröden Sprechschlagader
Und dein Kugelhagelklagen
Nicht vertragen, nicht ertragen

Polyphraser Ichberichter,
Logorrhoe durch breiten Trichter
Schwappt und schäumt und würzt auf Dauer
Alles Leichte fettigsauer

Nörgelbombenattentate
Höchster Phrasendrescherrate
Machen, dass mein Kopf entzweireißt.
Innen Spießer spielst du Freigeist

Rügst gern den, der nicht erkannte:
Leichter lebt, wer sich entspannte.
Doch bemüht ist dein Entspanntsein,
Zu fragil dein Tolerantsein

Nix Anarcho, cooler Rocker,
Du bist nur ein Stubenhocker,
Glaub mir, diese Dissonanz bricht
Auch dein fader Pferdeschwanz nicht.

Amore Omnibus

Seit Jahren fährt er Stadtbuslinie Sieben.
Sie führt vom tiefen Süden in den Norden.
Seit Jahren glaubt er nicht mehr ans Verlieben.
Sein altes Herz ist hoffnungslos geworden.

Seit Kurzem erst fährt Stadtbuslinie Sechs sie.
Sie führt vom hohen Norden in den Süden.
Seit Kurzem hüpft sein Herz – Sie ist so sexy!
Er hat in Sachen Liebe umentschieden.

Das Schicksal will es, dass die beiden Busse
Am alten Hafentor sich stündlich kreuzen.
Und sonst nickt immer dort zum kurzen Gruße
Ihm einer von den andern alten Käuzen.

Doch als er kürzlich jene Haltestelle
Erreichte und die Sechs stand gegenüber,
Da schaute aus des Busses Fahrerzelle
Kein grober Klotz, ein Engel süß herüber.

Sie lächelte, nur kurz, doch endlos lieblich,
Und ehe er sich fasste, war sie weg.
Sein Leben, das seit Jahren so betrüblich,
Besaß von nun an wieder einen Zweck.

Nun fiebert er schon abends ihretwegen
Dem nächsten Tag, dem alten Hafentor,
Dem nächsten kurzen Lächeln froh entgegen,
Weil er sein altes Herz an sie verlor.

Holzweg

Ein Wald wird „abgeholzt" – wie diese Spreche
Verbal entgleist ist!

Ob ähnlich dann demnächst die Gletscherfläche
Schlicht „abgeeist" ist?

Was hilft's, wenn die, die sich dagegen stellen,
Zu Recht erzürnt sind,

Wenn die, die die Entscheidungen hier fällen,
Längst abgehirnt sind?

Lustiger Typ

Ich habe bemerkt, dass ich immer gleich argwöhne
Und mindestens innerlich abwertend stark stöhne,
Wenn einer mir sagt: „Du, ich stell dir wen vor!
Der Typ ist so witzig, der beste Humor!
Geschichten, mein Gott, ich hab Tränen gelacht
Und, dass du ihn auch treffen solltest, gedacht."

Die Unlust darauf ist im Nu riesengroß,
Den Typ find ich blöd und ich muss jetzt auch los.

Banden ohne Pläne

Damals trafen sich beim Klettern,
Unwirtlich die Szene,
Zwei, die sich in Sturmeswettern
Banden ohne Pläne,

Die sich zogen, hielten, schoben,
Stützten an der Nordwand,
Bis zuletzt am Gipfel oben
Jeder einzeln fortschwand.

Culaccino

Ich warte auf Vino und auf Tramezzini
Im Straßencafé in Verona um sieben.
Vom Paar, das hier saß, sind nur zwei Culaccini,
Kondenswasserkringel der Gläser, geblieben.

Halb sickern sie ein in das Tischlein aus Pinie,
Halb schluckt sie die Kraft venezianischer Hitze.
Ich fahr' mit dem Finger die kreisrunde Linie
Gedankenlos nach, während ich so hier sitze.

Zwei Ringe, dazwischen ein zärtliches Veilchen,
Ein Lied schmettert „Si", ich bekomme den Wein.
Ich hebe mein Glas und betrachte ein Weilchen
Den eigenen Kringel und fühl mich allein.

Hemmakväll

Wir machen heute Hemmakväll
Und rühr'n uns nicht vom Flecke.
Wir stecken völlig informell
Heut unter einer Decke.

Kekskrümelnd kann uns keiner stör'n,
Wir ruhen wie am Fleeceband.
Hier sind wir nah und sehen fern
– Die Couch ein Haus auf Island.

Nicht wissen, wo die Zeit beginnt,
Wir nehmen sie als Haufen.
Das Schlauchboot, das wir beide sind,
Ist weich auf Grund gelaufen.

Der Hacker

Was klickt das Männlein dort versteckt
Am Schreibtisch rum? – Ich glaub, es hackt.
Der Hacker hockt und klickt gar hektisch
Im dunklen Raum an seinem Hack-Tisch.

Was ihn zu diesem Hackwahn trieb,
War sicherlich ein Hack-Antrieb,
Und denkbar einfach für ihn gings:
Der Hacker macht sowas mit Links.

Und wie er sich so reicher klaut
Mit Daten aus der Speichercloud,
Wird einstmals in die Cloud Gestecktes
Mit flinken Fingern frisch Gehacktes.

Die Flinkheit zahlt sich aus direkt:
Schon morgens hat er's ausgehackt.
Problemlos fängt dank Spyware-Nerd
Der frühe Wurm den Firebird.

Hingucker

Ein Kerl sah ein Mädchen und raunte ihm zu:
„Du bist ja ein ganz schöner Hingucker, du!"
Da stutzte es kurz, sprach „Ganz schön mag ich sein,
Der Hingucker aber sind Sie, wie ich mein'."

Gehirn: EIN/AUS

Ist das Fluch nun oder Gabe?
Heilt es? Lässt es kranken?
Wenn ich nichts zu denken habe,
Mach ich mir Gedanken.

Heckscheibenaufkleber

Ein Heckscheibenaufkleber auf der A7
Grölt „Straft Pädophile mit Mord!"
Darunter ein Ichthys-Fisch und weiter drüben
„Tabea und Lukas an Bord".
An Bord – das verraten die Zeichen am Kombi,
– Vor allem die Kombi an Zeichen –
Sitzt doppelmoralisch erhaben ein Zombie
Aus Liebe, Vergebung und Leichen.

Geographische Möglichkeiten

Ein Widerspruch, wer wollt's bestreiten:
In England gibt es wirklich Brighton...
(Im dick'ren Süden finden wir
Zum Glück genügend Platz dafür,
Da sonst in einem engen Land
Noch niemand Platz für Breiten fand.)

Geparkt

Der Fernseher nebenan ist laut
Im Hausflur riecht's nach Sauerkraut
Dort unten läuft ein Paar vorbei
Und gerade wird ein Parkplatz frei
Und überall ist jemand da
Und überall sind zwei vor Ort
Und überall ist jemand nah
Beziehungsweise holt wen fort

Nur ich bin hier geparkt
Und laufe nicht vorbei
Im Zimmer eingesargt
Und nahtlos ganz entzwei

Kohlensäure

Der Anagrammfreund staunet groß,
Er hat's bemerkt und schlägt Alarm,
Dass MINERALWASSER man bloß
Nicht schütteln soll: WEIL NASSER ARM.

Weg

Ich reise gern, ich reise viel,
Für mich ist drum das Weg das Ziel.
Mir reicht als einer Reise Zweck meist
Ein Wegweiser, der von hier wegweist.
Mein Kreuzfahrtschiff, mein Luxusgleiter,
Mein Wegdienst und mein Wegbegleiter –
Sind Tonnen CO_2 beteiligt?
Egal, weil's Weg die Mittel heiligt!
Im Jet, der in die Luft den Dreck bombt,
Zählt nur, wie gut man selber wegkommt.

Turnen in Klippennähe

vorn übt er
vornüber
vorüber.

Sagend
Dass mancher, so viel sagend, so nichtssagend ist,
Finde ich, nichts sagend, vielsagend.

Keine Entsorgung

Mit Tatendrang und Handschuh nehm ich Teil am großen Aufräumen
Der weit verteilten Abfallmassen, die des Flusses Lauf säumen,

Man hatte dazu aufgerufen, alle können mitpflücken,
So soll uns gegen Müll im Fluss und Meer ein kleiner Schritt glücken.

Und wie wir so, indem wir mit vereinter Kraft im Dreck wühlen,
Die Eimer, Tonnen, Säcke für den guten, grünen Zweck füllen

Und schon zwei Stunden später durch gemeinschaftliches Forttragen
Am Sammelpunkt die Berge Müll zehn Meter hoch emporragen,

Wir müd und außer Atem uns ein Bild vom Resultat machen
Und ich das Werk betrachte auf dem Boden unsrer Tatsachen,

Da löst sich ganz in Luft auf, wovor ich die größte Furcht spürte:
Mein Glaube an die Menschheit konnt' durch das, was man hier durchführte,

Trotz manchem Unkenruf, dies würde eine bessre Welt werden,
Durch Sammeln dieses Alptraums Müll nicht wiederhergestellt werden.

Humor unter der Meereslinie

Niemand würde je vermuten,
Dass sich alle 17 Fluten
Unterhalb der lauten Wellen
Jenseits aller Stromesschnellen

Ungezählte Wassertiere
Treffen, um sich freudig ihre
Neusten Wortspielspaßeinlagen
Gegenseitig vorzutragen.

Einen sicheren Beweis
Gab erst jüngst das Strandgut preis.
Als ein Ast an Land geriet, hing's
Protokoll des jüngsten Meetings

Dran, das wohl vergessen wurde.
Hier die Mitschrift, die absurde:
(Leiten tut das Wortgefecht
Wortgewandt ein junger Hecht.)

„Erster Tagesordnungspunkt:
Wal, der über Unrecht unkt.
Alle, die ein Wortspiel kennen,
Sind willkommen, dies zu nennen."

Eine Scholle meldet sich:
„Ich weiß eins, drum starte ich:
Um im Meer nicht mehr zu frieren,
Woll'n wir Wale protestieren,

Fordern gegen kalte Nieren
Meerheizwalrecht einzuführen."
Eifrig meldet sich ein Hummer:
„Mir als Hai bereitet Kummer,

Dass ihr deshalb an den Wänden
Hai-Zungen plant zu verwenden."
Alles lacht, und das zu Recht,
Doch es meldet sich der Hecht:

„Halt, noch nicht die Haifischzoten!
Etwas Ordnung ist geboten:
Erst die Wale, dann – mein Beileid –
Kommen wir zu deinem Hai-Leid."

Für die Gäste ist bei Nacht
Hummer, wenn man trotzdem lacht.
Doch sie nehmen sich zu Herzen,
Künftig nur nach Plan zu scherzen.

„Hört mal her, ich hab da noch'n
Walspruch", ruft ein Stachelrochen.
„Manch ein Wal ist's leid, zu balgen
Wegen delikater Algen,

Die ihm jemand streitig macht,
Deshalb wär' es angebracht,
Dass das – ich benenn' es prompt –
Alge?-Meine!-Walrecht kommt.

Und dass Blauwal Sven besoffen
Sich in Wales mit wem getroffen,
Ist der Grund, warum die Waltraud
Nie mehr einem andern Wal traut."

Die hier beieinandersitzen
Freu'n sich an den Manta-Witzen.
In den Jubel ruft der Leiter:
„Gar nicht schlecht. Doch jetzt geht's weiter.

Um die Zeit nicht zu verschwenden
Muss das Walprogramm hier enden.
Zweiter Punkt auf der Agenda:
Hai bereist entfernte Länder.

Der Shanghai-Witz ausgenommen,
Ist zu oft schon vorgekommen."
Viele Flossen, erst gestreckt,
Sind sogleich sehr schnell versteckt,

Denn Shanghai war leider allen
Zu dem Thema eingefallen.
Etwas andres, wie sich zeigt,
Weiß man nicht. Die Menge schweigt.

Bis dann schließlich jener Hummer
Mit der frühen Haizungs-Nummer
Zögernd fragt mit trockner Kehle,
Ob das Thema er verfehle,

Sage er, wohin die meisten
Frisch kastrierten Haie reisten.
Dieses Ortes Name sei
Recht bekannt als ‚Wallach-Hai'.

Müdes Lachen, leises Husten,
Nur ein Aal gerät ins Prusten:
Wer dort nie gewesen sei,
Sei wohl noch ein Hammerhai.

Wer nicht Rotbarsch oder -barbe
Ist, dem steigt die Schamesfarbe
In die Wangen voll Pikieren
Ob des Aales Fischmanieren.

„Schädlich für die Allgemeinheit
Find ich diese Aal-Gemeinheit!
Dein Humor ist echt ein schlechter!",
Ruft der Hecht als Sittenwächter,

Der sich sorgsam darum kümmert,
Dass der Ton sich nicht verschlimmert:
„Hier mein Beispiel, hört gut hin:
Einem Hai kam in den Sinn,

Haimatkunde in den fernen,
Weiten USA zu lernen.
In Ohaio, recht zentral,
Stand die Haischool seiner Wahl."

„Öde!", ruft es von den Riffen,
„Diese Gags sind abgegriffen."
„Bringt doch mal was Neues, Frisches!",
Tönt der Ruf des Kugelfisches.

„Hört das Beispiel, das ich bringe:
Heringe und Eheringe
Unterscheiden dergestalt sich:
Diese salzig, jene schmalzig."

Dieses Stück wirkt motivierend,
Man bejubelt es gebührend,
Und, um es ihm gleichzumachen,
Kugelt man sich gar vor Lachen,

Nur der Aal ist pingelig,
Lacht sich nicht mal kringelig.
„Mach mal halblang", scherzt die Flunder,
Und er lacht sich etwas runder,

Und sie scherzt ein weitres Mal:
„Lieber Aal, sei liberal!
Gib dich nicht so kultiviert.
Ich hab auch, du Aal, studiert."

Nun die Linguist-Languste,
Die von Sprachen vieles wusste:
„Nach dem Unfall mit dem Fuß
Humpelte der Septapus!"

Die Languste ist Lateiner,
Außer ihr lacht aber keiner.
„Warum lachse nicht, du Lachs?"
„Wegen andern Lachgeschmacks.

Lachen, sterben, dafür muss
Jeder Lachs erst hoch den Fluss."
Schmunzelnd reicht das Krustentierchen
Anerkennend ihm ein Bierchen.

„Welcher Fisch in Meer und Bucht
Pflegt die schlimmste Eigensucht?"
„Selfish!", weiß der Kabeljau,
Denn er ist vokabelschlau.

„Woher weiß man, dass den Rochen
Gase aus den Hintern krochen?",
Fährt er fort und löst es bald:
„Klarer Fall, die rochen halt."

Darauf ruft die Scholle: „Mehr!
Flache Witze mag ich sehr!"
Und sie liegt, wie's Schollen machen,
auf dem Boden nun vor Lachen.

„Hab ich", fragt er angeregt,
„Dich nun endlich flachgelegt?"
„Willst du, fieser Kabeljau,
Dass ich dir den Schnabel hau!?

Hüte deine spitze Zunge!",
Mahnt erzieherisch mit Schwunge
Ihn der Hecht zu mehr Niveau:
„Hier ist Salzmeer, nicht der Po!"

Leider schließt hier rätselvoll
Tintenfisch das Protokoll,
Drum ist statt mit Schlusspointe
Mit Italiens Fluss Po Ende.

ich, als mich die Wespe sticht

Vor der Heimfahrt Richtung Düssel-
dorf vom Gare du Nord in Brüssel
speisen wir noch mal genüssl-
ich, als mich die Wespe sticht

und mir, weil ich ohne Linde-
rung den Schmerz so schrecklich finde,
dass ich seitwärts, blass und schwinde-
lig, nun stürz', die Rippe bricht.

Hätte sie an diesem Wochen-
ende mich nicht, sondern doch'n
andern so gemein gestochen,
hätt' ich jetzt das Chaos nicht,

hätte weder diesen pochen-
den und heißen Handschmerz, noch'n
sturzbedingten Rippenknochen-
bruch – und kein Frakturgedicht.

Im Zug

Im doppelten Bedeutungssinn
Sitz ich im Zug, `s ist eisig,
Und hab (auch hier kommt's doppelt hin)
Die Nase voll, kaum reis' ich.

Berufsbeschreibung „Vermessung"

Sie peilen die Lage aus sicherer Warte
Und setzen dann doch alles auf eine Karte.
Das ist vermessen!

Balkonien

Balkonien fehlt alles, was man gern hat,
Wie hübsche Menschen, die uns animieren,
Ein Wellnessclub, der mehr als einen Stern hat,
Und Fotos, um damit zu imponieren.

Balkonien fehlt alles, was wir brauchen:
Gebrachte Drinks, Gesang von fremden Tieren,
Ein grünlich-blaues Meer, um drin zu tauchen,
Und schön viel Personal zum Schikanieren.

Balkonien fehlt allen, deren Himmel
Entgegen der Prospektangabe grau ist
Und deren Bad nur Zuchtstation für Schimmel,
Der Weg zum Prunkbuffet ein langer Stau ist.

Balkonien für alle, deren Kenntnis
Der Gastkulturen derart mangelhaft ist,
Dass jäh ihr sonst so gütiges Verständnis
Noch eh es sich entwickelte, erschlafft ist.

Ya'aburnee

Die allerschrecklichste Idee,
Die jemals in mir aufkam, ist,
Der Wunsch, dass ich einst vor dir geh
Und du zurückbleibst, mich vermisst.

Fürs Hoffen, dass du traurig wärst,
Verdien' ich schrecklichsten Verlust.
Genug geliebt hab ich dich erst,
Wenn ich auch um dich trauern musst'.

Individuum

„In die" – wie du, um
Frei zu bleiben, fragtest –
„Konvention, warum?"
Du bliebst anders. Wagtest.

Durch Milchglas

Ich fürchte mich: Hab ich dich schließlich vergessen?
Viel Zeit ist verronnen, und Neues bleibt aus.
Doch einst hab ich echte Erinn'rung besessen,
Warst du zwar vergangen, doch auch noch zu Haus.

Ein Buch, draus zu lesen zutiefst mich bewegte,
Mir glückte, wann immer ich auch nach ihm griff.
Heut scheint mir, dass Zeit hinter Glas das Buch legte
Mit nach und nach milchiger werdendem Schliff.

So wie einen Einband mit Titel durch Scheiben
Betrachte ich unsre gemeinsame Zeit
Und weiß so nichts Bessres von dir zu beschreiben
Als das, was durchs Glas schon der Klappentext schreit.

Verschlossen für mich bleibt Gekanntes tief drinnen,
So bleibt mir nur manch eine Buchrezension.
Kann höchstens mich an das Entsinnen entsinnen,
Les Leseberichte. Was bringt mir das schon?

Ich fürchte, ich habe dich schließlich vergessen.
Die Zeit hat gewonnen. Einst Klares ist trüb.
Ich würde ja weinen, doch grüble stattdessen:
Dies Buch rührt mich wenig, doch ist mir noch lieb.

Eitler Mützenträger

Nur, weil ich schon kahler werde,
Heißt das nicht, dass meine Mützen
Nicht auch fesche Stilgebärde
Sind und nur aus Scham dort sitzen.

Klar verbirgt das Kuppeldach das
Innere des Petersdoms,
Doch vor allem glänzt's und macht, dass
Alles staunt beim Anblick Roms.

Mal eben

Ach, könntest du doch meine Fehler mal eben
In etwa so schnell wie ich Chancen vergeben!
Ich wünschte, du würdest dein Schweigen bald brechen,
In etwa so schnell wie ich meine Versprechen!
Wie wär' es, von vorn das Spiel früherer Zeiten,
Anstatt, dass wir beide das woll'n, zu bestreiten?

Neun

Bei Vielfachen von 9 ergibt sich
Stets wieder 9 als Quersumm'
Sei's 18 oder 72:
Im 9er-Universum
Ist selbst die größte Zahl zur 9
Genetisch rückverfolgbar.
Addier' und du kannst sicher sein,
Ob 9 hier Ahnenvolk war.

Auf die Barrikaden

Fällt dir auf, wie schnell wir schwören,
„Jetzt platzt mir der Kragen"
Und uns endlich so empören,
Dass wir mal was sagen?

Wie wir bös die Brust dann blähen
Von der Wut beflügelt,
Und entschlossen vorwärts gehen,
– Bis der Mut uns zügelt?

Kalten Wickels um die Waden
Im „Jetzt-reicht-es"-Fieber
Geh'n wir auf die Barrikaden,
Selten aber drüber.

Nächstenliebe

Ich gebe gerne Nächstenliebe,
Für dich gibt's aber keine.
Denn du gibst gern den Schwächsten Hiebe,
Parolen oder Steine.

An dir darf meine Nächstenliebe
Vorbei zum nächsten schweben,
Bei dir wird sie zum schwächsten Triebe
In meinem Innenleben.

Und ihren Platz nimmt Feindschaft ein,
Ich denk an dich, schon naht sie.
Mit dir lass ich Gemeinschaft sein.

Schwitze

Bleibt die Haut vom saunahaften,
Schmierfilmgleichen Dauersaften
Heiß an Hemd und Hose haften,
Wenn ich mir bei Flimmerhitze
Dicke Luft zu Atem schnitze
Und vom bloßen Rumgesitze
Bis zur letzten Ritze schwitze,
Werde, während an der Mauer
Ich mich in den Schatten kauer',
Triefend trauernd ich auf Dauer
Sauer.

Food regrets

Wann immer ich mit Blicken durch die Speisekarte wandre,
Fällt auszuwählen schwer, denn eins klingt besser als das andre.
Was immer ich dann auch bestelle – das ist das Gemeine – ,
Bekomme ich das andre stets und leider nie das eine.

esohpromateM

Ich falte die Flügel, ich klapp sie zusammen,
Verfluch die Verwandlung, der beide entstammen,
Ein Schweber am Boden, beschwert mit Beschmutzung,
Zum Flug zu gewichtig,
Erschwert, so verzicht' ich
Auf Flügelbenutzung.

Im Regen entfaltet, hier sammle ich Narben,
Solang bis die sichtbaren Farben erstarben,
Ein graues Insekt mit verkümmerten Schwingen,
Das Triebwerk in Trümmern,
Was wird es verschlimmern,
Was kann es noch bringen?

Lass andre in Sonne und Buntheit sich baden,
Verkehre den Plan mit dem seidenen Faden,
Entflieh und entzieh mich den frühschönen Wettern,
Den Blüten und Blättern,
Will meine Bestimmung
Für immer zerschmettern.

Entkrieche den Fetzen, die letzte Berührung,
Kein Blick mehr zurück, keine falsche Verführung,
Entflügelt, entfreit, meiner selbst nun beraubt,
Will siechen und kriechen,
Kein Veilchen mehr riechen,
Im Dreck steckt mein Haupt.

Zerknickt sind die Fühler, die nie wieder fühlen,
Will nie mehr die Luft nach Empfindung durchwühlen,
Ich lass sie im Schlamm, im zerregneten Staub,
Bin endlich verstummt und erblindet,
Verdummt, unempfindlich
Und taub.

So lass ich mich ziehen, ich lass mich entwandern,
Ein letztes Bemühen, ein zähes Mäandern
Zum Ort ohne Brise und ohne Gedächtnis,
Das Grabtuch gesponnen,
Die Regung zerronnen,
Mein letztes Vermächtnis.

Lass andre in Sonne und Buntheit sich baden,
Verkehrt ist der Plan, lieg im seidenen Faden,
Entflieh und entzieh mich den frühschönen Wettern,
Nun bluten und blättern
Die Blumen, ich will sie durch Fehlen
Zerschmettern.

Die Stadt

Die Stadt ist nicht für Menschen, will nicht teilen,
Nicht Bänke – Banken säumen ihre Welt.
Lädt zum Vereilen ein, nicht zum Verweilen,
Und sitzen darf nur, wer auch was bestellt.

Kein Grün, kein Schatten ohne Speisekarten,
Und statt zu rasten wird hier nur gerast.
Nur hübsch, nicht herzlich prangen Park und Garten,
Herum wird alles Lebende verglast.

Und überall ein Laden ist noch lange
Nicht das, was ich als einladend empfind.
Die Stadt erwürgt mich und ich stehe Schlange
Und kaufhauspustendrückend weht ihr Wind.

Nein

Die Hemmung, auch mal Nein zu sagen,
Beginnt an meinem Sein zu nagen.
Wann lernt mein „Nein!" mit Mumm zu krachen,
Anstatt zum „Ja" sich krumm zu machen?

Sinn und Stift

Auf faden Stoff, wie Giftspinnen,
Seh ich mich mit dem Stift sinnen,
Doch sollen meine Inschriften
Viel lieber feinen Sinn stiften.

Vorfreude

Bald reisen wir ab, neue Städte und Länder,
Aus Vorfreude führe ich Abreiskalender.
Die Schönheit der Welt ist nur schwerlich zu fassen,
Ich habe mich häufig schon hinreisen lassen,
Vor allem mit dir, weil wir beide so sind
Und ich drum dein Wesen ganz mitreisend find.

Synonyme

Ich schrieb gerade ein Gedicht,
Es handelte von Wörtern.
Wann man von „Synonymen" spricht,
Das wollte ich erörtern.

Um dieses ungelenke Wort
Nicht allzu oft zu schreiben,
Ging ich ins Internet, um dort
Ersatz mir aufzutreiben.

Ich bat die Wörter-Datenbank
Um passende Lexeme,
Doch Hoffnung auf Erleuchtung sank,
Was stieg, war'n die Probleme.

Ein Synonym für „synonym"?
 „Bedeutungsähnlich" stand dort
Gleich neben – War das legitim? –
„Bedeutungsgleich" als Antwort.

Denn „gleich" und „ähnlich" sind nicht gleich,
Das sollte doch bekannt sein.
Wie kann im Synonym-Bereich
Dann beides hier genannt sein?

Wobei: sind „gleich" und „ähnlich" gleich,
Liegt die Maschine richtig.
Sind sie jedoch – im Umkehrstreich –
Nur ähnlich, ist sie nichtig.

Zur Probe gab ins Netz ich bang
„Bedeutungsähnlich" ein.
Dem Synonymgerät entsprang
„Bedeutungsgleich" – oh nein!

Noch schlimmer, denn daneben gleich
Stand „synonym" als Vorschlag.
So endet leer und tränenreich
Mein ambitiöser Vortrag.

Ungenug

Ich bin Tabellenerster
Der Zweiten Liga
Ohne Aufstiegs-
Chancen

Mich hat wirklich jeder gern,
Aber keiner auf dem Zettel,
Der ihn am Kühlschrank
Ans Melden erinnert

Bin nie der, für den man alles
Stehen und liegen lässt,
Sondern immer der
Stehen und liegen
Gelassene

Bin immer dazwischen,
Daneben und dabei,
Aber nie darin
Nie da

Ich bin überall beliebt
Und dabei leider
Nirgendwo
Geliebt

Ich bedeute vielen Vieles
Und niemandem Alles
Ich würde tauschen
Jetzt sofort

Prüfung

Noch denk ich, dass ich's draufhabe,
Als ich zur Prüfung rauftrabe.
Als man das Blatt mir bringt,
Les ich als Erstes „Aufgabe",
Was leider schon so klingt,
Als ob sie mir misslingt,
Und mich zur selben zwingt.

Besprechung

Ein Lehrer, den ich hatte,
Der spuckte, wenn er sprach.
Ich hatte bei ihm Mathe
Und meines Tisches Platte
War immer nass danach.

Weil wie aus Arsenalen
Aus seinem Mund es glitt,
Erlitten wir solch Qualen.
Besprach er mit uns Zahlen,
Besprach er uns gleich mit.

Senegal

Ökopraktikum in Ghana
Und zu Hause PKW,
Tierschutzwochen in Botswana
Und im Küchenschrank Nestlé.

Brunnen bauen bei den Indern
Lieber als McDoof-Verzicht,
FSJ bei Pampasrindern,
Rumpsteak bleibt das Leibgericht.

Mit dem neuen Primark-Sweater
Work and Travel Bangladesch,
Meine Selfies wirken netter,
Kleide ich mich darauf fesch.

Um den Müll vom Strand zu pflücken,
Flieg ich bis nach Togo froh,
Ankunft Frankfurt, mit Entzücken
Starbucks-Kaffee, schön to go.

Kind gestreichelt, Fluss gereinigt,
Serbien, Syrien, Senegal,
Ist mir das erstmal bescheinigt,
Wird mir Leid zu seh'n egal.

Und obwohl ich mich entferne,
Kommt nichts Neues näher mir.
Volunteer, das bin ich gerne,
Aber bin ich wollend hier?

Übers Trösten in der KiTa
Schick ich 'nen Artikel rum.
Wichtig ist mir nicht die Vita,
Sondern das Curriculum.

Lass mich in die Krise jetten,
Ohne sie versteh'n zu müssen,
Ich will mein Gewissen retten,
Aber nichts gerettet wissen.

außer atem

du kommst
mit wenig schlaf aus,
spät nach hause,
oft zu wort,
selten zur sache,
immer pünktlich,
aber nur schwer auf den punkt,
unzähligen pflichten nach
und ständig zur vernunft,
meist auf deine kosten
und ungern zu kurz,
gut über die runden,
und ständig auf den geschmack,
bloß nicht aus der mode
oder in die jahre,
einem mastkalb gleich
und für alles in betracht,
für alles in frage,
aber kaum einem in den sinn,
überall auf einen sprung vorbei
und dabei gut rüber,
schwer auf den boden der tatsachen zurück,
mit karacho auf den markt,
diesem sehr gelegen
und irgendwann ganz groß raus,
hoffentlich nicht von irgendeinem kurs ab,

viel außer landes

und viel außer atem,

irgendwann doch ins schleudern,

aber nie ins schwitzen

und gerade noch einmal davon, mit blauen augen,

zu geld und ans ruder,

und bis dahin zwar auf dumme gedanken, aber eben nur
gedanken,

nicht dazu, abzubiegen,

nur ganz heimlich aus dem takt,

dir fremd vor,

nicht darauf, warum,

nicht dahinter, wohinter,

dir selbst in die quere

und nicht auf die schliche,

voran, aber nicht vom fleck,

von vielem nicht los

und nie runter,

immer weiter,

aber nie an,

einfach nicht zur ruhe

Genugtuung

Am Gepäckband sucht ein unbeirrter Hoffer
Seinen Koffer,
Hat ihn auf den nun schon sechs bis sieben Runden
Nicht gefunden.
Alle andern mitgereisten Passagiere
Finden ihre,
Jeder greift in großer Ungeduld und Hektik
Sein Gepäckstück.
Da ein Koffer, hier ein großer, dort ein kleiner,
Nur nie seiner.

Schon zieht das Gepäck der nächsten Flugzeugreise
Seine Kreise.
Ist vielleicht mein Koffer jetzt erst eingetroffen?,
Wagt er hoffen.
Alle finden wiederum in Windeseile
Ihre Teile,
Nur er selbst muss, während alle heimwärts starten,
weiter warten.
Nun macht Angst, dass doch ein Kofferdieb am Werk war,
Sich bemerkbar.

Bleibt nur, das Gepäck – nur diesmal wörtlich eben –
Aufzugeben?
Da, er sieht, wie auf dem Band ein Einzelstück treibt,
Das zurückbleibt,
Das, obwohl es mehrmals durch die Halle rollte,
Keiner wollte.
Mit dem stolzen Trotz, den der, der Unrecht leidet,
Nie vermeidet,
Packt er schließlich jene unbekannte Tasche
An der Lasche
Und verlässt, still lächelnd und mit kühner Freude
Das Gebäude.

Zwar ist dieser Koffer – Schicksals nächster Possen –
Fest verschlossen,
Doch es ging in erster Linie unsrem Dieb
Ums Prinzip.

Soja-Nuggets

„Soja-Nuggets sind in allen
Testbereichen durchgefallen!",
Geifert hämisch und zufrieden,
Der, der Fleisch noch nie vermieden,
Und beweist in dem Triumph weit
Mehr als nur ein Bisschen Stumpfheit.
Möge seine Lust am Chicken
Morgen schon am Keim ersticken...

Ruhm und Ehr'

Im Streben nach viel Ruhm und Ehr'
Sprang er in die Karriere,
Doch schwamm er statt im Blumenmeer
Schon bald in der Misere.

Verzicht auf Freizeit und auf Glück,
Auf nette Atmosphäre
Verhalf ihm leider gar kein Stück
Zu etwas Ruhm und Ehre.

Das Mühen hat sich nicht gelohnt,
Drum kämpft er jetzt nicht mehr.
Er freut, da nun er ländlich wohnt,
Sich über Room und Air.

Nachwirkende Lektüre

Was leicht sich griff, es lastet schwer
Auf dem, der es sich nahm.
Was flüchtig schien, es geht nicht mehr
Dorthin, woher es kam.
Was schwarz auf weiß, wird bunt in bunt,
Wird permanente Farben.
Was harmlos schien, tränt Augen wund
Und gräbt dahinter Narben.

Dein Herz ist riesengroß

Ich weiß, was du für einer bist,
Erkenne dich genau,
Bist für die meisten Humorist,
Der immer für die Späße ist,
Und das ist nicht nur Schau.

Dein Frohsinn ist Naturgewalt,
Durch Lachen übertragbar.
Doch mehr als bloß Humorgestalt,
Gibst du in großer Sorge Halt
Und bist um Hilfe fragbar.

Humor ist, was dir möglich macht,
Das andre auszuhalten.
Bist einer, der im Hellen lacht,
Weil er nicht selten weint bei Nacht,
Hast Lach- und Sorgenfalten.

Du nimmst das Leben bitterernst,
Bist beiderseits sensibel.
Und wenn du Unglück kennen lernst
Und feuchten Auges dich entfernst,
Lag's nie an einer Zwiebel.

Das Schlimmste sind für dein Gemüt
Die Ungerechtigkeiten,
Wenn großes Glück dem Bösen blüht
Und sich der Gute ächzend müht,
Dann musst du für ihn streiten.

Ich glaub, dein Herz ist riesengroß
Und demzufolge wiegt es
So schwer oft wie ein Riesenkloß.
Ich weiß, du kamst zu diesem bloß
Durch Liebe. Daran liegt es.

Playlist

Höre, wenn's okay ist,
Auf der Reise
Mein Geschenk, die Playlist,
Nicht zu leise.
Dreh sie auf, sie sollte
Überall sein,
Gerade so, als wollte
Dieser Schall dein
Weltraum sein, die Umwelt
Nur aus Singen,
Die das Draußen stummstellt,
Um zu klingen.

Phobiker

Arachnophobe fürchten Spinnen
Und Klaustrophobe enges Drinnen.
Haematophobe scheuen Blut
Wie Demophobe Menschenflut,

Beim „Homophoben" ist beim Taufen
Nur irgendetwas schiefgelaufen;
Er hat nicht Angst, ist nicht bedroht,
Ist einfach nur ein Vollidiot.

Gegessen

Ich habe nach dem Mittagessen
Noch eine Weile dagesessen
Und hab versucht herauszufinden,
Warum beim Partizipverbinden
Von „ge-„, dem Präfix, mit dem Tu-Akt
Bei „essen" man ein g dazupackt.
Geerbt, geeint, geächzt, geessen –
So wäre es doch angemessen!

Ein Heim fürs g – warum grad dort?
Das bleibt g-Heim bei diesem Wort.

Schildkröte

Von sämtlichen Tieren der Welt gibt es keins,
Das je ein erhabneres Bild böte
In jeder Facette des irdischen Seins,
Als ganz ohne Zweifel die Schildkröte.

So standhaft wie schreckhaft, genügsam, genial
Im Einklang mit diesem Planeten,
Im Sommer sich labend am sonnigen Strahl,
Im Winter erstarrt unter Beeten.

Lebendiger Saurus, triassischer Ahn,
Bescheidener Zeitenbegleiter
Gepanzerte Friedlichkeit, zarter Elan,
Du stimmst mich versonnen und heiter.

Was ist Liebe denn wert

Wer vom andern sich trennt,
Um im Reisemoment
Frei von Zwängen zu sein,
Der ist inkonsequent
Und liebt höchstens zum Schein.

Wer drauf hoffend sich scheidet,
Dass man Sehnsucht vermeidet,
Handelt töricht, naiv,
Das Gefühl liegt zu tief.
Einer mindestens leidet.

Was sind Zeiten des Glücks
Noch für den, der sie fix
Für Spektakel vergisst,
Für Vermeintliches? Nix.
Er ist bloß Egoist.

Was ist Liebe denn wert,
Die man lieber entbehrt,
Als im flüchtigen Drüben,
Das nur kurzfristig währt,
Sie erst richtig zu üben?

Und welch Lug und welch Trug,
Zu begründen den Spuk
Mit dem Wohle des andern!
Der liebt standhaft genug,
Um zum Mars auszuwandern!

Quod erat demonstrandum

Alleine ist kaum herstellbar
Das höchste Glück des Seins.
Und stellt man's mathematisch dar,
Heißt Liebe „größer I"

>I

Das größte Liebesglück der Welt
Erfahren meistens zwei.
Schon ist die Herzform hergestellt,
Sie lautet „kleiner drei"

<3

Und wenn man beides nun vereint,
Erkennt man die Figur:
Zum Menschen werden, wie es scheint,
Wir durch die Liebe nur

>I<3

Haben, liebe Lesekunden,
Sie das Lesen schön gefunden?
So sehr, dass Sie gerne mehr bezögen?
Dann sei hier ganz unverhohlen
Rasch das Erstlingswerk empfohlen,
Nämlich *„Schriftliches* aus Drucksvermögen".

978-3746098173